PARA:

....

DE:

....

Para minha filha

A sensação mais forte, mais profunda
que me invadiu quando segurei você pela
primeira vez perto do meu coração
foi a de *dar-lhe*.
Dar-lhe a vida. Dar-lhe o alimento.
Dar-lhe calor. Dar-lhe segurança...
E essa sensação sempre me acompanhou
docemente enquanto crescíamos juntas.

O melhor do mundo. O sol e a lua.
O que eu não lhe daria, se pudesse... Mas,
sou apenas uma mãe. Algumas vezes,
durante esses primeiros anos, fui seu
escudo, seu anjo e sua fada.
Hoje, quando os caminhos se abrem
à sua frente e devo deixá-la partir,
dou-lhe de presente minha palavra.
Para que a acompanhe e a ajude...
Para que, inclusive, sorria com ela.
Pois contar-lhe experiências, agradecer,
pedir-lhe perdão e recordar... tudo, tudo,
celebra a maravilha de tê-la.

De mães e filhas

Que mulher já não sonhou, alguma vez, com a glória e a fama? Receber emocionada um prêmio Nobel, abraçar o Oscar diante de milhões de pessoas, ou cantar a nota mais alta de *La Bohème*... Por isso, Deus deu a nós, mulheres comuns, essa piscadela de cumplicidade: a maravilhosa possibilidade de criar. Não existe no mundo nenhum livro magistralmente escrito, nenhuma descoberta científica, nenhuma obra de arte que se possa comparar com o seu sorriso.

Pequenas cenas

Olhar-me no espelho ao seu lado enquanto você se maquia para uma de suas primeiras festas pode ser uma forte impressão: *Meu Deus! Já se passou tanto tempo...?* No entanto, em seguida compartilhamos uma cor para os olhos, um enfeite para o cabelo, o riso e a emoção e me dou conta de que, com você, posso voltar a experimentar desses anos mágicos.

Com que orgulho secreto
sorrio quando uma amiga
me diz ao telefone:
*"Acabo de confundir sua filha
com você; a voz e o jeito de falar
são iguaizinhos aos seus..."*

Todos sabem dos excessos que às vezes cometem as torcidas fanáticas por futebol, as comemorações perigosas com que alguns torcedores celebram as vitórias de seus times...
Mas você só os entendeu bem quando, entre risos e rubores, me viu gritando, pulando, transbordando de euforia, no dia em que conquistou o primeiro lugar no campeonato de natação.

Ontem, sem querer, ouvi você conversando com sua melhor amiga sobre algo que a preocupa e que eu desconhecia completamente.
Um pouco surpresa e, por que não, também um pouco triste, pensei:
Você já tem um mundo próprio, no qual poderei entrar... apenas se você permitir.

Algumas de minhas amigas, mães de filhos homens,
vangloriam-se da especial relação que os une.
Mas, o que sabem elas da emoção do seu primeiro
vestido de festa... ou da cumplicidade de dividir
segredos *entre mulheres*, ou de nossa comunhão
de almas quando choramos juntas no cinema?
Tampouco poderiam imaginar meu alívio quando,
depois de analisar sem piedade o que estou vestindo,
você dá seu veredicto: *"Está linda, mamãe"*.
Não há juiz mais severo, nem opinião mais sincera.
Por isso estimo tanto seus elogios...

Anos de sermões vãos
se justificaram um dia
quando, ao entrar no quarto
de sua irmã caçula,
você me perguntou horrorizada:
***"Mamãe, como ela pode
viver nessa bagunça?"***
Quase em seguida, escutando-se
a si mesma, rompeu incontida
sua risada. Às vezes, só às vezes,
a vida oferece compensações...

Se um incêndio ameaçasse nossa casa, eu tentaria salvar o jarrinho de cerâmica que você me deu, pintado com suas próprias mãos quando tinha sete anos. Porque não há dinheiro no mundo que possa substituí-lo. E porque essas pequenas coisas nos ajudariam, mais que qualquer outra, a formar um novo lar.

Quando, durante uma discussão, vejo seu rosto tão querido se contrair pela raiva com que você grita comigo *"Não dá para falar com você, você não entende nada"*, fecho os olhos e evoco imagens de seu álbum de fotografias. Onde ficaram aqueles olhos admirados, as mãos estendidas até mim, seu cabelo que eu penteava tão bem? (Hoje, a raiva agita várias mechas que você decidiu transformar em azuladas.) Abro os olhos e, sim, aí estão, escondidos por trás de sua jovem rebeldia. Suspiro... e, com paciência, continuo escutando-a.

Quem me dera poder protegê-la...

das palavras falsas de alguém que se dirá sua amiga,
da nota injusta na prova depois de você ter estudado tanto,
da chuva bem no dia daquela excursão tão esperada,
da necessidade de um dia fazer dieta,
de depositar sua fé em algo ou em alguém que a decepcione,
do mal-estar "daqueles" dias,
de que ame o homem errado (não porque me desagrade,
mas talvez porque ele não saiba fazê-la feliz),
da mágoa e do sofrimento,
daquela coincidência fatal de ter o melhor vestido
na lavanderia justo quando ele a convida para sair,
do frio e do calor intensos..
das tempestades e dos furacões...
E, mesmo assim, abro a porta para você e digo:
"Viva sua própria vida".

Dou-lhe de presente o amor de uma avó maravilhosa, minha mãe. Aproveite-a a cada minuto, ela também tem tanto para lhe dar... Agradeço a Deus por me permitir compartilhá-la com você. Sei que algumas vezes houve um pouco de culpa em seu coração porque parecia que você gostava mais dela que de mim. Não se preocupe, pois com ela aprendi a amar você como a amo. E tudo me parece pouco se for para ela.

Houve um momento em minha
vida em que acreditei ter tudo:
juventude, um amor de novela,
uma profissão apaixonante,
viagens, amigos... E, de repente,
você chegou, e compreendi
o significado absoluto
da palavra plenitude.
Hoje, já não sei se tenho tudo,
mas tenho você.
E é mais que suficiente.

Um bastião de fortaleza, um farol para guiar,
incansável, seu destino: isso é o que gostaria
de ser sempre para você. Mas, às vezes, essa torre
se inclina e tudo ao meu redor se escurece.
Então, surgem sua mão em meu ombro
e suas palavras de consolo.
Já não estou mais sozinha
e tudo volta a iluminar-se...

Se nós, mães, pudéssemos transmitir a nossas filhas apenas 20% da opinião que temos sobre elas, sua autoestima seria indestrutível.

Nunca compreendi as mães
que acreditam que seus filhos
são os melhores do mundo.
Acho que devemos ser realistas
e ver todos os aspectos – mesmo os negativos –
de sua personalidade. De nada lhes serve
que fechemos os olhos para seus equívocos.
Por isso, quando digo que você é perfeita,
entenda que já a analisei
com absoluta objetividade.

Leve-me com você:

de volta à escola e ao recreio;
às festas de aniversário barulhentas
e aos bolos de chocolate; aos segredos
para sempre das melhores amigas
e aos campeonatos esportivos.
Leve-me com você aos olhares dos garotos
e aos suspiros; à ansiedade do primeiro encontro
e à tristeza da primeira desilusão.
Leve-me com você à universidade e às noites
em claro estudando e sonhando. Leve-me para
escalar a montanha e para deslizar audaciosamente
sobre as ondas em sua prancha de surfe.
À emoção da cortina que se abrirá em sua noite
de estreia ou ao aplauso de seus professores
em sua tese de doutorado. Ao safári fotográfico
ou ao êxtase diante de um quadro de Monet.
Leve-me em seu coração aonde quer que vá.

Desejo

Desejo que você descubra que as melhores coisas
deste mundo não têm preço, mas sim muito valor:
uma gota de orvalho em uma rosa pela manhã,
a palavra *perdão*,
o entardecer na praia,
a mãozinha de um bebê apertando a sua,
que realmente seja ele quando seu telefone tocar,
a tempestade batendo as janelas e todos em casa,
a palavra *obrigado*,
a alegria do seu bichinho de estimação
quando você volta para casa...

Desejo que a madrugada
a surpreenda conversando
com amigos,
consertando o mundo,
discutindo
apaixonadamente
por aquilo que acredita...

Desejo que você nunca cresça
completamente: que conserve
a ingenuidade de acreditar que,
às vezes, o mundo pode ser mágico
(nem todos podem ver isso),
que nem sempre as causas justas
são impossíveis, que há dias
em que amanhece duas vezes...

Não a desejo amarga e descrente.
Se alguém a ferir profundamente
(como gostaria de ser uma barreira
contra todo mal que a ameaçasse)
renasça das cinzas.
Não se dê por vencida.
Não permita que ninguém a convença
de que tudo, no fim, é desengano.
Levante seus olhos, leve-os até o horizonte.
E acredite...

Desejo que você
encontre o amor firme,
profundo e cotidiano
de um homem íntegro.
E que o compartilhem
a vida toda.

Mas também desejo que, pelo menos uma vez, você experimente a loucura, a paixão total e avassaladora que nos leva ao céu e ao inferno. Que você a viva plenamente... e que a deixe partir depois.

Desejo a você a fé em Deus.
Imagine-o como souber
ou como puder, mas busque-o.
Não acha que a vida seria muito
absurda se não existisse algo mais?
Pode encontrá-lo ao seu redor
das formas mais diversas.
Para mim, basta olhar para você.

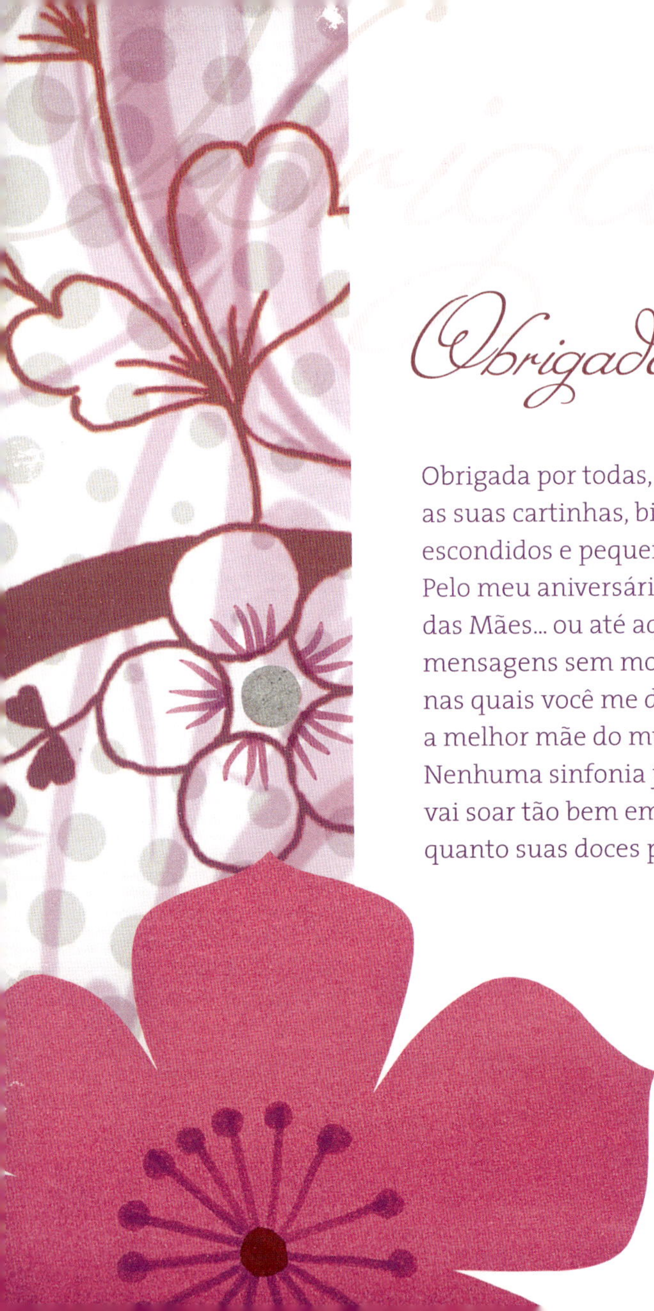

Obrigada

Obrigada por todas, todas
as suas cartinhas, bilhetinhos
escondidos e pequenas mensagens.
Pelo meu aniversário, pelo Dia
das Mães... ou até aquelas
mensagens sem motivo,
nas quais você me dizia que sou
a melhor mãe do mundo.
Nenhuma sinfonia jamais
vai soar tão bem em meus ouvidos
quanto suas doces palavras.

Desejo que você descubra o prazer da leitura:
a inebriante sensação de dividir,
por algumas horas, a vida com as personagens
de um romance. A fascinante possibilidade de
esquecer a inquietude ou a tristeza fugindo
para a África ou morrendo de amor na estepe russa.
Também lhe desejo a profunda emoção da poesia:
que seu espírito vibre
com a palavra exata que expresse o que você sente...

Por ser exatamente
como eu a havia sonhado.
Como na história da Branca
de Neve, lembra?
Na qual a rainha pede

*"que seus olhos sejam
negros como a noite,
sua pele branca
como a neve
e seus lábios vermelhos..."*

E obrigada, também, porque me fascina comprovar
que você é tão diferente do que eu havia imaginado:
única, distinta e muito, muito melhor
que qualquer sonho.

Obrigada por seu apaixonante relato
de tudo o que você viveu naquela noite
na festa. Não sei se vou me lembrar
do nome do garoto que você gostava
ou do que aconteceu com suas amigas...
Mas nunca vou esquecer
seus olhos acesos, o entusiasmo
de suas palavras velozes
e suas mãos desenhando no ar.
Para que eu pudesse dividir
esse momento com você.

Nada me ensinou
tanto na vida quanto ensiná-la.
No meio de algum daqueles
solenes sermões com que eu a advertia,
vi com clareza meus próprios equívocos
e tentei dar uma guinada em minha vida
para modificá-la. Obrigada.

Eu perdoo você

Por ter desejado ir embora de casa
aos seis anos e por ter ameaçado
me trocar por outra:
"Por qualquer mãe", foram
suas palavras. Terríveis, cortantes
e sinceras. Que alívio imenso quando,
meia hora depois, você decidiu
ficar e me aceitar como sou.

Perdoe-me

Por todas as vezes em que eu quis
que você fosse a melhor da classe,
a primeira bailarina ou tenista
profissional. Todas nós, mães,
acreditamos, em algum momento,
que nossa filha pode se transformar
em uma segunda oportunidade
que a vida nos dá para conseguir
o que nos foi impossível.
E aqui está você para me mostrar
que nenhuma expectativa atinge
as alturas da sua realidade.

Trago escrita em meu coração
uma lista tão comprida de coisas
que *deveria* ter feito com você,
e para você... e que nunca
cheguei a fazer. Às vezes,
eu me pergunto se haverá
em seu coração alguma breve lista
das coisas que sim fiz...

Nós, mães, gostaríamos de ser rochas de sólidos princípios para educar nossos filhos. Como era fácil no começo... Mas, depois, você foi crescendo e percebendo meus erros: você me ouviu mentir sobre minha idade, encontrou em alguma gaveta a embalagem de um doce quando eu jurava uma dieta rígida, declaramos perdida para sempre a prova de matemática que eu devia assinar... Enquanto isso, eu continuava pronunciando discursos sobre a Verdade, a Honestidade e a Ordem. Obrigada por sua sábia compreensão.

Lembre-se

De que não depende de você possuir algum talento singular. (Nem de mim, porque eu teria ido até o fim do mundo para trazê-lo a você.) Talvez já tenha um. Mas, sem a constância, o dom e o talento se desvanecem em prometidas ilusões. E a constância depende inteiramente de você.

Se quiser ir atrás
do arco-íris, vá.
Mas aproveite cada
trecho do caminho
que leva até ele.

Preparar uma viagem,
um acampamento, uma festa
de fim de ano é, quase sempre,
mais divertido que o próprio evento.
Encontre tempo para planejar
o que a fizer feliz.

As receitas para a felicidade
costumam ser muito simples:
ria muito (inclusive de si mesma,
sobretudo de si mesma)
e ame muito. Ame seus amigos,
seu trabalho, a natureza
que nos sustenta e nos cerca,
aquele com quem vai dividir
sua vida... E ame sua mãe, claro,
sobretudo ame sua mãe.

Lembre que a mais audaz,
a mais altruísta das intenções
não vale o menor dos atos.
Mesmo que não possa fazer o melhor,
faça alguma coisa.

Procure suas raízes, investigue sua história.

Tantas pessoas deram algo de si

para que você hoje fosse como é.

Os olhos profundos de seu pai,

a voz clara do avô apaixonado por canto,

o corpo esguio da sua avó

e a vocação teatral daquele bisavô,

que talvez se concretize em você...

Todos que a amamos julgamos reconhecer

algo de nós mesmos em você.

Porque você é seu ontem e também é você mesma:

única, ímpar.

Magnífica.

Sobre o autora:

Lidia María Riba nasceu em Buenos Aires, Argentina. Cursou Letras e fez pós-graduação em Madri. Em 1996, junto com Trini Vergara, fundou a V&R Editoras. Sua paixão, escrever para a família e para as mulheres, desenvolveu-se em paralelo com a direção da empresa. Seus títulos – *Um presente para minha avó*; *Um presente para minha mãe*; *Um presente para minha filha*; *Você é o homem da minha vida*; *Para minha filha que cresceu*; *Mãe, fique sempre comigo*; *Obrigado, pai*, e *Obrigada, mãe* – venderam, todos juntos, mais de 700 mil exemplares em espanhol e português, e alguns deles foram traduzidos para o inglês, o russo e o finlandês. Ela é casada e mãe de duas filhas.

www.lidiamariariba.com

Sua opinião é muito importante!

Escreva um e-mail para opiniao@livropresente.com.br com o título deste livro no assunto.

www.livropresente.com.br